Conserver la couverture

UNE PAUVRE HISTOIRE

QUI N'EST POURTANT PAS UN CONTE

OU SIMPLE EXPOSÉ

De l'Affaire TOUCHARD contre BELLOT DES MINIÈRES

VENANT

EN APPEL

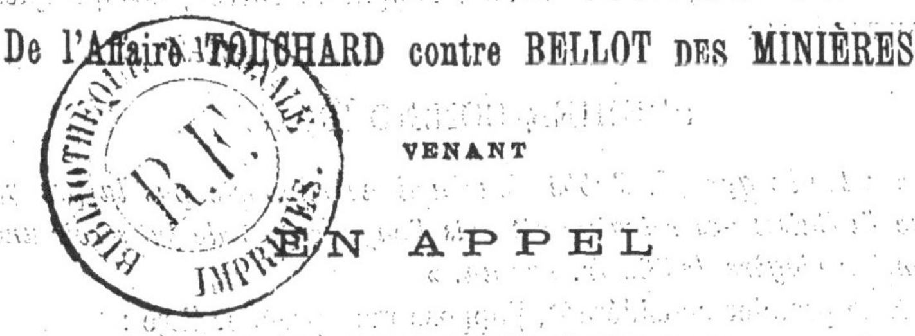

Desservant de la succursale de Tabanac, j'ai voulu reconstruire mon église.....; de là, des ennuis..... et cette première lettre :

« ..... *En prenant du repos vous auriez droit à un secours annuel de 300 fr. sur la Caisse des retraites. 15 octobre 1870. Fonteneau, vicaire général.* »

J'accepte, me réservant, sans qu'on objecte, le temps nécessaire à l'achèvement du principal du bâtiment (l'église sans le clocher). Ce qui étant fait, environ deux ans après, je demande l'époque ainsi que le mode de paiement, et m'arrive cette seconde lettre :

« *Vous recevrez, au commencement d'avril, votre mandat de secours de 300 fr. pour l'année courante. 26 février 1873. Fonteneau, vic. gén.* »

Et l'on paie, les cinq premières années....., au bout desquelles le caissier dit : Nous ne pouvons plus ; voulant dire : On ne vous doit pas.

Après d'inutiles démarches, j'en appelle, tout d'abord, à la justice de paix.

Le vénérable magistrat nous écoute attentivement, M. Bellot et et moi ; puis prend connaissance des pièces principales du dossier, et déclare formellement reconnaître mon plein droit, mais se borne à nous autoriser à le dire, ne pouvant juger au-delà des limites (200 fr.).

Ce verdict officieux n'étant pas agréé, huit mois plus tard nous étions au Tribunal, qui me déboute de ma demande et me condamne aux dépens.

Enfin, deux ans s'écoulaient encore, et j'avais l'honneur de présenter à la Cour, sur les motifs à l'appui de l'arrêt, ces quelques observations :

PREMIER CONSIDÉRANT

« *Attendu que M. l'abbé Touchard ne rapporte pas la preuve que la Caisse des retraites ait pris l'engagement de lui servir une pension viagère de 300 fr. par an.* »

A ce premier considérant, j'oppose mon premier titre :

« *En prenant du repos, vous auriez droit à un secours annuel de 300 fr. sur la Caisse des retraites.* Fonteneau, vic. gén. »

Et je dis :

PREMIÈREMENT

Pour établir ce considérant, le Tribunal a nécessairement dû voir, dans la *Caisse des retraites*, une sorte de comptoir indépendant. Or, qui ne sait qu'à l'Archevêché il n'y a qu'un maître, et au tour de lui des collaborateurs non-seulement, sans droit de contrôle sur ses faits et gestes, comme le supposerait, au moins, le précédent motif, mais tenus même dans une sujétion absolue. Ainsi, la Caisse des retraites a bien la charge de servir au souscripteur en règle avec les Statuts sa pension viagère (aujourd'hui de 1,100 fr.), mais elle ne peut empêcher que le titre et la jouissance n'en soient ou avancés ou retardés, selon que Son Éminence le juge à propos, et les exemples ne manquent pas.

Il entre également dans les attributions de la Commission administrative d'accorder pareil secours de 300 fr. au *souscripteur* malade qui le sollicite, mais en aucun cas elle ne peut faire que ledit secours soit, comme celui dont s'agit ici pour moi, *annuel et de droit.*

Son assistance (car ses secours ne sont que cela, tandis que celui qui m'advient est une redevance) ; son assistance, dis-je, est (de par le règlement, venu d'en haut), essentiellement *temporaire et facultative*.

Je n'avais donc pas à rapporter la preuve d'un engagement que la Caisse des retraites ne pouvait prendre, eussé-je été demandeur, infirme, voire même souscripteur.

SECONDEMENT

Le vicaire général c'est l'*alter ego* de l'ordinaire. Partant, de deux choses l'une : Monseigneur le Cardinal a oui ou non le droit de disposer de sa Caisse des retraites. Si, *oui?* la lettre officielle du 15 octobre 1870 est, ou remplace à mon avantage, ce que réclame le Tribunal, puisque c'est ici l'Archevêque s'imposant à lui-même l'obligation de me faire servir sur sa Caisse.....

Si, *non?* la lettre officielle du 15 octobre 1870 ressemblerait fort à un piège tendu, à la bonne foi réglée sur le respect, la confiance et l'estime que tout prêtre doit à son Évêque.... Or... donc ce premier considérant n'aboutit pas.

DEUXIÈME CONSIDÉRANT

« *Attendu que la seule lettre écrite par un vicaire général, où on lui donne l'espérance d'un secours annuel de 300 fr. sur la Caisse des retraites est datée de 1870, et prévoit un événement qui ne s'est pas réalisé.* »

Quelques remarques, et je réponds :

1° *La seule lettre* semblerait dire qu'il en eût fallu plusieurs pour former un titre complet et régulier.

2° *La seule lettre écrite par un vicaire général*, et il y en a deux de cette provenance,..... la deuxième confirmant la première.

3° *Lettre où on lui donne l'espérance*, et la lettre porte : « *Vous auriez droit....* »

4° *L'événement prévu ne s'est pas réalisé*, mais l'événement prévu c'est que le curé de Tabanac prendra du repos, donnera sa démission, et la Caisse des retraites lui servira un secours annuel de 300 fr. Or, le repos a été pris de plein gré, et les 300 fr. ont été servis, sans conteste, cinq ans. Donc l'événement prévu s'est réalisé.

Quant au retard que vise, sans doute, le considérant pour infirmer en droit le fait accompli, il ne saurait être invoqué efficacement, comme fin de non-recevoir, du moment qu'il ne figure ni comme condition dans la proposition (lettre du 15 octobre 1870), ni comme réserve dans la conclusion (lettre du 26 février 1873).

Donc, et outre *qu'une acceptation du retard résulterait au besoin de la correspondance entre temps*, cette objection soulevée, du moment du repos, n'est en réalité dans l'affaire qu'un simple détail qu'il n'appartenait qu'aux parties d'apprécier et de régler, encore en temps utile.

Car s'il est incontestable, qu'en dépit même des situations, on pouvait jusqu'au dernier moment prétexter du retard, pour, soit retirer soit modifier l'engagement, il est tout aussi certain qu'après la lettre du 26 février 1873, il n'était plus temps d'y songer, attendu que, d'après une jurisprudence d'une application journalière, *l'exécution de part et d'autre, dans les termes de la convention, rend indélébile le contrat.* Ce qui veut dire, je pense, qu'un paiement, en plusieurs termes, est tout aussi assuré (en droit), par un commencement d'exécution, que s'il se fût agi d'une somme de.... une fois donnée. Donc.....

Avant de poursuivre, je prierai la Cour de vouloir bien remarquer que ces deux motifs se détruisent l'un l'autre.

En effet, la lettre du 15 octobre 1870 est ou n'est pas le titre constitutif de mon droit à un secours annuel de 300 fr. sur la Caisse des retraites.

Si, *priùs?* le second considérant qui, dûment rectifié, le reconnaît, détruit le premier qui le conteste, attendu, dit-il, que l'engagement ne vient pas de la Caisse des retraites, *et vice versâ*.

De plus si, d'après le second considérant, je perds le bénéfice d'un titre qu'il reconnaît, c'est que j'ai mis du retard à prendre le repos proposé en 1870.

Or, du moment que la lettre officielle que je présente comme constitutive de mon droit n'a, d'après le premier considérant, nulle action sur la Caisse des retraites, alors même que je me serais exécuté le lendemain même de la proposition, le Tribunal pouvait me dire le surlendemain, comme sept ans plus tard : La Caisse des retraites ne vous doit pas.

« *Attendu qu'elle n'a pas pris d'engagement.* »

Donc jusqu'ici.... contradiction.

TROISIÈME CONSIDÉRANT

« *Attendu qu'en 1873, au moment où l'abbé Touchard a abandonné la cure de Tabanac, il savait parfaitement qu'il n'avait droit ni à une* pension *sur la Caisse des retraites, ni même à un* secours *quelconque.* »

Bien admis que secours veut dire ici *assistance*, et que la pension vise toujours le souscripteur ; à quoi bon le considérant ? Il ne s'agit de rien de semblable.

Mais si l'on prétend par là que le jour où j'abandonnai volontairement le poste, je me doutais, le moins du monde, n'avoir plus droit à la redevance, qui était ma seule ressource du moment, c'est autre chose.

Et j'ai hâte d'établir que ce troisième motif, dont on ne saurait (ainsi compris) se dissimuler l'importance, et qui suffit à la base du jugement, repose lui-même sur le fait entièrement controuvé, que voici :

M. Bellot des Minières vient de prétendre qu'à l'époque (soit naturellement avant mon départ), j'aurais adressé à la Caisse des retraites une demande de secours (sans s'expliquer davantage), et qu'après en avoir délibéré on m'aurait répondu négativement.

Or, n'en déplaise à qui de droit, mais tout cela est de pure invention.

Ainsi (*ad hoc*), pas de demande, pas de délibération, pas de réponse.

PREMIÈREMENT PAS DE DEMANDE (1)

Je comprends, Messieurs, tout ce que ma dénégation peut avoir de désagréable pour un si éminent adversaire, et d'étrange pour vous-mêmes.

Mais s'il vous est pénible de croire, un seul instant, que le Chanoine Secrétaire général ait pu s'engager à ce point, sans avoir en main de quoi me confondre, moi je n'oublie pas que la Cour a des pouvoirs à sa disposition, et le juge des devoirs à remplir.

---

(1) Ainsi que je l'ai dit au commencement, j'ai prié alors qu'on voulût bien me renseigner sur le mode et l'époque du paiement de la petite rente, à quoi répondit M. Fonteneau, par sa lettre en date du 26 février 1873. Mais il n'y a pas là une demande de secours.

Donc, dans l'intérêt pur de la justice, que M. Bellot des Minières s'exécute, de bonne grâce, ou qu'au besoin la Cour l'exige.

Je le demande, dans l'exercice de mon bon droit, et déjà victime d'une assertion qui, parvenue à dénaturer les faits, m'a valu le triste arrêt du Tribunal de première instance.

Oui, Messieurs de la Cour, la preuve? Jusque là je le maintiens.

Pas l'ombre d'une demande de secours, soit à l'Archevêché, soit à la Commission administrative de la Caisse des retraites.

Toute l'affaire se résume dans ces deux mots : *Offre spontanée délibérément acceptée.*

SECONDEMENT PAS DE DÉLIBÉRATION

En 1875, ne voyant pas venir le mandat, j'écris à M. Bellot des Minières, qui venait de succéder à M. Fonteneau, et je reçois cette première lettre :

« Bordeaux, le 13 avril 1875.

« MONSIEUR ET CHER CONFRÈRE,

« En prenant la gestion de la Caisse des retraites ecclésiastiques j'ai à cœur de tenir tous les engagements qui m'incombent, mais je suis, en ce qui vous touche, dans l'ignorance absolue de ce qui a pu vous être écrit officiellement au moment où vous avez quitté le saint ministère.

« Permettez-moi donc de vous demander copie de la lettre, s'il y en a une dans vos mains, que vous auriez reçue à cette époque.

« Ce sera pour moi le plus simple moyen de régulariser, une fois pour toutes, votre situation pendant ma gestion.

« Veuillez remarquer que je ne doute nullement de la justesse de votre réclamation, et que je serai heureux d'y faire droit.

« Mais j'ai vraiment besoin de prendre connaissance de la lettre officielle que j'ai l'honneur de vous prier de me communiquer.

« Agréez.....

« *Le Chanoine Secrétaire général,*   BELLOT. »

Je m'empresse de donner copies exactes, et reçois cette seconde lettre :

« Bordeaux, le 17 avril 1875.

« MONSIEUR ET CHER CONFRÈRE,

« Je m'en voudrais de la peine que je vous ai donnée si j'avais pu faire autrement quand je vous ai demandé les renseignements contenus dans votre dernière lettre.

« Croyez bien que j'en avais besoin, vu que toutes ces indications me manquaient. Les voilà consignées dans mes notes. Du reste, tout cela n'est qu'entre nous, et je m'empresse en conséquence de vous adresser un mandat qui sera religieusement acquitté à présentation.

« Agréez.....

« *Le Chanoine Secrétaire général,*   BELLOT. »

Maintenant, ne va-t-il pas de soi qu'avec la *délibération* M. Bellot, ayant sous sa main registre et livre de comptabilité, n'aurait pu écrire, d'abord : *Je suis, en ce qui vous touche, dans une ignorance absolue,* et qu'au reçu des titres il aurait dû dire, comme le Tribunal, dans le second de ses motifs : *Je vois bien une lettre écrite par un vicaire général, vous donnant droit à un secours annuel de 300 fr. sur la Caisse des retraites. Mais le vicaire général n'est pas la Caisse des retraites,* dont j'ai mission de défendre les intérêts, et je trouve ici que, *à telle date ..... la Commission administrative, délibérant sur votre demande du..... ainsi conçue,..... vous répondait..... non.* Donc.....

TROISIÈMEMENT PAS DE RÉPONSE

Dans l'espèce je ne connais que le document que voici :

« Bordeaux, le 28 juillet 1877.

« MONSIEUR,

« J'ai le regret de vous informer que la Commission administrative de la Caisse des retraites, dans sa séance du 26 courant, n'a pas cru pouvoir vous allouer le secours que vous demandiez.

« Les ressources en ce moment ne sont pas proportionnées aux besoins.

« Agréez.....

« Signataires : DEYDOU, *Secrétaire*   BELLOT, *Chanoine.* »

Or, n'ayant *jamais* demandé de secours, je dus croire à une méprise, et c'était tout bonnement un moyen imaginé pour entrer en campagne. Donc, pas de demande, ni au présent, ni au passé, et par conséquent pas de réponse, ni pour le passé, ni pour le présent, mais un trompe-l'œil, un stratagème.

Puis, en définitive, cette lettre du 22 juillet 1877 n'arriverait pas à prouver qu'en janvier 1873 *je savais parfaitement n'avoir droit à rien sur la Caisse des retraites*, et c'est ce qu'il m'importait et qu'il me suffit d'établir.

Donc, au lieu d'arguer d'un manque de ressource pour arrêter un service que, d'après les Statuts, la Caisse des retraites n'aurait pu s'imposer, même temporairement, en eût-elle eu les moyens, puisque je n'étais pas souscripteur. Au lieu d'imaginer et demande, et délibération et réponse, pour se débarrasser d'une dette sacrée, prix fixé d'une chose déterminée et acquise, il appartenait à un homme sérieux de continuer à se dire loyalement : Il ne s'agit point à cette heure d'un secours proprement dit, et pour cause de maladie, les seuls qu'il nous incombe d'accorder, mais d'une redevance, en retour d'une démission volontaire, affaire à part, qui n'est pas de la compétence de la Commission.

La Caisse des retraites n'est ici que le payeur. C'est pour moi, S. G., un acquittement à effectuer *de droit*, et dont le service ne pourrait être interrompu que par un ordre officiel.....

Et c'est tellement cela que, n'ayant trouvé trace, et en prévision du titre, M. Bellot écrit : ce sera *pour moi* le plus simple moyen de régulariser, *une fois pour toutes,* votre situation, et qu'à la vue des lettres officielles, sans consulter (je ne dis pas qui de droit) mais la Commission administrative, il s'empresse de continuer.....

Hier il écrivait ce sera *pour moi*..... Il écrit aujourd'hui toutes ces indications *me manquaient*, les voilà consignées dans *mes notes.* et vous serez religieusement payé, ajoutant : *du reste, tout cela n'est qu'entre nous.*

Eh ! mon Dieu, il en serait encore ainsi, n'eût été ce petit incident :

Un mien neveu, chargé d'habitude du recouvrement, remet le dernier mandat (1877) aux mains du secrétaire Deydou, qui observe tout naïvement à M. Bellot des Minières que je ne suis pas de la Caisse.....

N'importe, dit M. le Secrétaire général, payez et vous signerez. Puis il ajoutait encore : *que cela reste entre nous trois.*

Ce qui est bien resté pour moi : 1° la preuve que les mandats, bien que libellés au titre de la Caisse des retraites, et toujours signés de M. le Président de la Commission, ne se portaient pas au livre de la Caisse. Ainsi d'ailleurs qu'en témoignerait au besoin le compte-courant publié chaque année.....

2° La probabilité grande qu'on aura voulu profiter de l'occasion pour essayer de s'affranchir..... Donc, l'allégation est fausse, et le troisième considérant sans base.

QUATRIÈME ET DERNIER CONSIDÉRANT

« *Attendu que le secours de 300 fr. par an qui lui a été payé, de 1873 à 1877, n'est qu'un acte de pure bienfaisance.*

Je réponds :

N'étant que succursaliste, à toute heure, l'Ordinaire pouvait disposer de moi. Partant, que l'offre simple d'une ressource analogue eût pu être en principe, de la part de Son Éminence (non de la Caisse, qui n'en avait ni les moyens ni le droit), un acte de pure bienfaisance. Soit.

Mais du moment qu'on y met pour condition l'abandon volontaire de *toute une existence*, cela ne s'appelle plus *un acte de pure bienfaisance.*

C'est une dette..... Et je conclus.....

Après quoi Me Girard, avocat de M. Bellot, reprend ni moins ni plus son système de défense. C'est toujours l'éminente charité, le gros portefeuille, la parole en chaire, les démêlés avec Pierre ou Catherine, la vie retirée, et enfin *l'assertion fausse*, assez timidement hasardée l'an passé ; et cette fois naturellement, soutenue avec aplomb, mais sans jamais d'autre preuve que *l'incontestable mérite de celui qui affirme.....*

Passablement surpris d'une telle persistance, je réplique :

Messieurs, nous venons de l'entendre encore et quand même : *officiellement prévenu, dès avant l'abandon du poste, que je n'avais rien à voir sur la Caisse des retraites, je suis mal fondé dans ma réclamation..... Tout est donc bien là.*

Messieurs, je n'accentuerai pas davantage ma dénégation. Je maintiens tel quel mon dire.....Pas de demande, pas de délibération, pas de réponse.

Et j'ose croire que la Cour ne voudra pas confirmer un jugement qui a pour unique base, et de notoriété publique : *Une assertion gratuite et mensongère.*

Toutefois passant outre, comme le prêtre de l'Évangile, et avec lui la Cour a maintenu purement et simplement l'arrêt du Tribunal.

Et ce, en adoptant les mêmes motifs, sous lesquels je reste courbé, uniquement pour les raisons que voici :

1° Pour ne m'être pas dit en temps utile : *Vidè cui fidas.* Ou, ce qui revient au même, qu'avec certains, il ne faut traiter d'affaires qu'au comptant;

2° Pour avoir oublié, malencontreusement, l'influence que peut avoir, sur l'issue d'un procès, la considération pour le rang.

De fait, nous n'en sommes plus à la loi du talion. Tout, en jurisprudence, n'est pas même Tribunal de commerce. Entre temps, le dispensateur de la justice devient plus juré que juriste; et, ce qui n'est au fond qu'une affaire simple de droit positif, se trouve réglée (pour l'appréciation et l'application de la loi), par une impression toute personnelle, témoin ce fait :

En 1862, Monseigneur le Cardinal Donnet me faisait ou laissait condamner, par le Tribunal de première instance de Bordeaux, à payer les cinq cents francs de sa souscription, qu'il avait indûment et sciemment acquittée.....

Comment cela?.... Parce qu'il répugnait trop aux magistrats de croire un Prince de l'Église capable d'une telle irrégularité. Et ils n'étaient pas seuls. *Pieuse fraude*, disait doucement mon avocat. *Pieuse fraude?* Non, non, criait M⁰ Bras-Lafitte. Il suffit d'être honnête homme pour ne vouloir pas se le permettre..... Et la Cour elle-même aurait, de toute évidence, hérité de cette disposition générale d'esprit, si Monseigneur, pour une raison qui restera secrète, n'était venu, *in extremis,* déclarer, par écrit, à la Cour *qu'il n'avait pas payé ! ! !*

Lettre tardive, observa l'honorable avocat général Peyreau.....

Et moi j'aime à dire encore : *lettre utile !* car sans elle je serais resté, *toute ma vie, comme depuis an,* sous le coup d'une condamnation, me déclarant coupable de détournement.

Eh bien ! il pourrait en être tout comme, de ce nouveau chagrin, qui, sans toucher cette fois à mon honneur, ne m'enlève pas moins une précieuse ressource, sur laquelle j'avais sérieusement compté.

Qu'il se fût agi, en effet, d'un conflit entre gens ordinaires, ou de même taille. Pierre affirme, Paul nie, la preuve est sous la main. Le juge dit : qu'on la produise et tout s'arrange.

Ici pourtant ce n'est pas cela..... Pourquoi?... Certes, en souvenir de ce qui a été, on est fort tenté de répondre : Parce que celui qui nie n'est qu'un pauvre vieux succursaliste, intéressé naturellement à nier, et que celui qui affirme c'est **M. Bellot des Minières**, Secrétaire général, Chanoine, Vicaire général honoraire, membre de l'Académie des sciences et belles lettres de Bordeaux, etc., etc. M. Bellot, nécessairement véridique, M. Bellot qui, froissé quelque part peut-être, pourrait bien agir par amour-propre, mais qui, sûrement, ne travaille pas pour sa bourse. Partant, nul n'est besoin de preuve.

Et, s'il en était ainsi, toute la différence entre les deux événements consisterait en ce que, dans la première affaire, c'est le maître qui se rend enfin, et, dans la seconde, le disciple qui tient bon quand même!!

Errare humanum est..... Perseverare diabolicum.

Mon dernier mot :

Si, fatigué de tant de misères, j'ai pu sentir le besoin d'en appeler à la conscience des âmes simples et droites, j'ai pensé aussi pouvoir être utile, même à ceux qui ne seront pas contents de moi.

Bouliac, 30 Avril 1880.

L'abbé **TOUCHARD.**

N. B. — Qu'on ne s'y trompe pourtant pas, ce procès ne fait qu'affranchir la Commission administrative d'une responsabilité qu'elle n'avait pas prise et qu'elle ne pouvait pas même prendre..... Mais l'obligation reste toute entière. L'engagé doit quand même, et la dette, qui est à ce jour de 900 fr., s'augmentera, chaque année à venir, de 300 fr.

Jusqu'à ce que.....

Bordeaux. — Imp. administrative RAGOT, rue de la Bourse, 11-13.

www.ingramcontent.com/pod-product-compliance
Lightning Source LLC
LaVergne TN
LVHW010257030726
842520LV00007B/2985